AF250779

LA LIBERTÉ

PARIS. — IMPRIMERIE DE J. CLAYE

RUE SAINT-BENOIT, 7

LA LIBERTÉ

PAR

ANATOLE DE LA FORGE

—

DEUXIÈME RÉPONSE

A M. EUGÈNE PELLETAN

PARIS

CASTEL, LIBRAIRE-ÉDITEUR

PASSAGE DE L'OPÉRA

—

1862

LA LIBERTÉ

DEUXIÈME RÉPONSE

A M. EUGÈNE PELLETAN

I

Je commence par rendre hommage à la modération de votre langage, mon cher Pelletan. Je chercherai à l'imiter d'autant plus volontiers que, en agissant ainsi, j'acquitterai une dette de reconnaissance. Sous la plume acérée du contradicteur, je sens la pensée indulgente d'un maître, pourquoi ne l'avouerais-je pas? qui veut épargner, même en le frappant, la faiblesse d'un adversaire resté son ami. Si je viens, malgré l'émotion bien naturelle que me cause votre façon d'agir, répondre encore une fois aux éloquentes erreurs de la *Tragédie italienne* [1], c'est moins pour essayer d'avoir raison contre vous, que dans le but d'expliquer certaines ap-

1. Pagnerre, éditeur, rue de Seine.

préciations politiques demeurées confuses, sans doute
par ma faute, au milieu de ce débat.

Et d'abord, qu'il soit bien entendu entre nous, mon
cher Pelletan, que lorsque « je fais abus, » comme
vous me le reprochez, de l'épithète d'*utopiste*, je n'attache nullement à ce mot l'idée d'une orgueilleuse satisfaction personnelle que je n'ai ni le droit ni le désir
d'exprimer, surtout en face d'un contradicteur tel que
vous. Je combats simplement, peut-être comme un
rêveur, moi-même des théories élevées mais compromet-
tantes, je le crois du moins, pour la cause de l'indépendance de la Péninsule, à laquelle vous et moi nous devons rester attachés. Ne donnez donc pas, je vous prie,
aux expressions que j'emploie un sens qu'elles n'ont
point dans ma pensée. Nous avons autre chose à faire
qu'à nous quereller sur des termes de dictionnaire. Ne
renouvelez pas la discussion des *Femmes savantes*, vous
ne serez jamais Vadius et je ne tiens pas à imiter Tris-
sotin. Le temps presse, laissons là les mots et occupons-
nous des principes.

A ne vous rien céler, j'estime que les *utopistes*, dont
je me garderai bien de prononcer le nom après votre
sévère avertissement, les *idéologues*, les *rêveurs*, les
philosophes, n'ont pas grand'chose à démêler dans l'organisation administrative des forces de l'Italie. Vous
croyez sincèrement, vous, la fédération plus favorable
à l'émancipation des peuples que l'unité. — J'affirme
le contraire. Voilà, si je ne me trompe, mon cher Pelletan, le point différentiel de votre brochure et de la
mienne. Il n'y a pas d'autre motif de désaccord entre
nous. Seulement celui-là est assez sérieux, vous en con-

viendrez, pour que vous me permettiez d'y revenir en justifiant mon opinion. A tort ou à raison, bien que nous ayons la même religion politique, j'ai cru devoir oublier un moment les sympathies intimes qui m'attirent vers vous pour signaler à nos amis communs, nos premiers juges, après tout! le péril de vos actes d'indiscipline. Je sers en ligne, comme vous dites, et vous en volontaire. J'ai jeté le cri d'alarme parce que, simple soldat aux avant-postes, c'est mon devoir de prévenir du danger les défenseurs de l'unité italienne. A votre insu, vous fournissez des armes à nos ennemis politiques qui, forts de votre appui, retournent contre un peuple malheureux des arguments que vous croyez n'employer qu'au bénéfice de la démocratie. En un mot, vous êtes le Garibaldi de la presse française, mon cher Pelletan; je ne vous souhaite pas plus que je ne le souhaitais à l'illustre patriote italien un combat d'Aspromonte; seulement je voudrais que vous comprissiez mieux le rôle des serviteurs de la liberté dans toute l'Europe. Ne vous paraît-il pas étrange à vous-même que la Péninsule, que Manin vous a appris à aimer, à estimer, à plaindre, soit condamnée à vous lire dans les colonnes de *l'Union*, de *la Gazette de France*, du *Monde*, vous, qu'on était habitué à invoquer comme un défenseur?

Tenez, souffrez que je commette à propos de vous une indiscrétion, en citant les lignes suivantes d'un homme considérable et considéré qui vous apprécie comme je vous apprécie moi-même : « Eugène Pelletan, m'écrivait, il y a huit jours, M. le comte d'Haussonville, a rendu d'assez grands services à la liberté en France pour que nous lui passions ses fantaisies *hors frontières.* » Malheureusement, ce sont précisément ces fantaisies que je regrette de rencontrer sous l'autorité de votre signature.

Pourquoi faut-il que rien ne puisse arrêter l'élan prématuré qui vous entraîne vers l'adoption des formes de gouvernements divisés, qu'on ne veut établir ni à Florence, ni à Rome, ni à Naples ni à Turin? Quand je vous vois ainsi, mon cher Pelletan, annoncer par avancement d'hoirie, selon la formule des notaires, la restauration des puissances fédérales en Italie, avant que cette malheureuse nation ait pu se débarrasser des bataillons autrichiens retranchés au centre même de son territoire, vous m'affligez. Que parlez-vous de petites républiques : obtenez donc d'abord la liberté! Vous faites penser à ces mères tendres, mais aveugles, qui forment des rêves d'avenir sur le berceau de leur enfant en danger de mort. Or, songez-y, mon cher Pelletan, ici, cet enfant menacé, c'est le peuple souverain que le despotisme de la maison de Habsbourg tend à réduire à *une expression géographique.*

II

Hier vous écriviez la *Comédie italienne;* aujourd'hui, variant votre répertoire, vous composez la *Tragédie.* Croyez-moi, mon ami, on ne joue en ce moment de l'autre côté des Alpes ni tragédie ni comédie, et en tous cas les premiers sujets de ces pièces ne se trouvent, ainsi que vous le supposez, ni à Turin, ni à la Spezzia, ni à Rome, mais bien à Vienne et à Paris. Il y a en Italie des patriotes qui cherchent de bonne foi à reconquérir l'indépendance nationale : voilà tout. Lors donc que vous voudrez tirer quelque pronostic des événements de la Péninsule, tournez-lui le dos et prêtez une oreille attentive aux nouvelles parties des Tuileries ou du palais de l'empereur d'Autriche. C'est dans les conseils de ces deux gouvernements qu'il nous faut malheureusement chercher le dernier mot d'ordre qui décidera des destinées de la nation dont nous nous disputons peut-être un peu trop facilement ensemble la secrète pensée.

Laissons de côté, si vous le voulez bien, mon cher Pelletan, les noms propres et les allusions blessantes, puisque « l'insinuation n'est pas, dites-vous, dans ma nature et que je mets à la faire tant de maladresse. » Dispensez-moi de parler d'autrui ; les explications franches produisent les situations nettes. Je vous avoue ma surprise en vous apercevant tout à coup transformé en défenseur ardent du pouvoir temporel, vous qui écriviez naguère : « Un pape ne peut être libéral. Papauté et liberté, tout cela réuni fait un mensonge[1] ! » Aussi ne vous cacherai-je pas, mon cher Pelletan, que malgré la confiance illimitée que m'inspire la droiture de votre caractère, à la place du saint-père j'aurais quelque inquiétude à me sentir escorté par un gardien tel que vous. Ceci me rappelle, sans comparaison aucune, je n'ai pas besoin de le déclarer, une aventure arrivée à Alexandre Dumas. Il visitait le bagne de

─────────

1. *Heures de travail,* page 341, Pagnerre, éditeur.

Livourne, sous le règne du grand-duc Léopold, et il
ne trouvait là que des assassins par amour, à ce
qu'il nous disait du moins. Le romancier, attendri
de leurs récits, s'avisa de mettre une piastre dans
la main d'un grand gaillard à moustaches noires qui
n'avait tué *que trois femmes infidèles!* Je ne sais si
c'est à cause de cela qu'Alexandre Dumas lui avait
donné; toujours est-il que l'assassin, dans l'effusion de
sa reconnaissance, s'écria : « Excellence, je prierai Dieu
pour vous! » Le poëte, ému d'abord, selon son habi-
tude, revint à la hâte sur ses pas afin d'inviter instam-
ment notre homme à n'en rien faire. « J'aime mieux,
ajoutait Dumas, me présenter aux portes du paradis sans
cette recommandation qu'avec elle. » Certes vous n'avez
rien d'un *assassin par amour,* mon cher Pelletan, et le
souverain pontife n'a rien d'un romancier. Cependant
je ne sais pourquoi cette histoire me fait penser que
Pie IX préférerait peut-être pour les besoins de sa cause
un autre avocat que l'auteur de la *Profession de foi du
xixe siècle*[1]. Vous ne voulez à aucun prix, je le sais,
donner au pape, comme voisin de palais à Rome, un
prince de la maison de Savoie. Soit. Mais bien que le
parti clérical utilise contre nous unitaires vos chaleu-
reux plaidoyers, j'ai peine à croire qu'au fond de
leurs consciences timorées les membres du sacré collége et leur auguste chef vous rangent de bon cœur
parmi les apôtres du catholicisme; votre admirable
campagne contre l'inquisition est une mauvaise recommandation pour le Vatican, et de fait c'est heu-

---

1. Pagnerre, éditeur.

reux, car je ne vois pas bien ce que vous iriez faire là-
bas, à moins d'y admirer et d'y analyser les fresques de
Raphaël dont vous avez si bien parlé l'an dernier encore
aux Conférences, arbitrairement closes, de la rue de la
Paix.

> Ne forçons point notre nature,
> Nous ne ferions rien avec grâce.

Un grand poëte l'a dit, je me permets de le répéter.

Le pouvoir temporel représente un principe de répres-
sion ; ne vous laissez pas, en haine de l'unité à laquelle
il fait obstacle, aller à battre en brèche le principe de
liberté. Ne changez point surtout votre plume indépendante contre le goupillon d'un marguillier. Vous êtes né
philosophe, ne visez pas à l'emploi de zouave pontifical.
Raillez tant qu'il vous plaira cette maxime égoïste *du
chacun chez soi*, vous ne la bafouerez jamais assez à
mon gré ; mais, de grâce, ne combattez pas notre sainte
devise : celle qui proclame *la liberté pour tous*.

Oubliez-vous, mon cher Pelletan, que c'est cette
liberté que le gouvernement français, d'une part, et le
gouvernement autrichien, de l'autre, refusent à l'Italie,
le premier en maintenant une armée d'occupation à
Rome, le second en hérissant de canons rayés toutes les
pentes du quadrilatère ?

Que venez-vous parler de *Comédie* ou de *Tragédie* à
des hommes qui ne peuvent ni vivre ni mourir en paix
sur le sol où ils sont nés !

« Discutons la question de l'Italie. Traitons-la, si vous
le voulez bien, de bonne amitié pour nous éclairer mu-
tuellement plutôt que pour nous blesser. » Je répète

vos propres expressions, parce qu'elles traduisent mieux que je n'aurais su le faire, mon cher Pelletan, le fond de ma pensée.

III

« Il ne suffit pas, dites-vous, de chercher la lumière, il faut encore la chercher d'un cœur sympathique. La sympathie est l'état de grâce de la vérité ; si vous possédez la vérité, donnez-la moi ; si je la possède, au contraire, je vous l'offre. N'est-ce pas le plus beau cadeau qu'on puisse faire à un ami ? » Je m'exécute le premier en confessant qu'il y a certaines vérités de votre lettre qui m'ont convaincu. Je n'avoue pas mes erreurs pour vous amener à reconnaître les vôtres, mon cher Pelletan, en admettant que vous en ayez quelques-unes sur la conscience. La question qui nous divise est supérieure à ce libre échange d'enseignement mutuel. Je ne vous demande qu'une vertu, et, voyez ma mauvaise chance, je tombe précisément sur la seule que vous n'avez pas : *l'impartialité*. Grâce à elle, vous jugeriez en parfaite connaissance de cause cette question italienne que vous n'appréciez que par à peu près, à travers certaines haines politiques vigoureuses que je partage avec vous de tout mon cœur, croyez-le, mais dont vous ne devez pas faire peser le poids sur vingt-deux millions de citoyens qui cherchent dans l'unité le salut de la nation.

Admettez que je me trompe et qu'égaré par l'ardeur de mes sympathies vives je dépasse le but que vous et moi nous voulons atteindre, à savoir la reconstitution de la liberté en Italie d'abord, puis dans le monde entier : eh bien ! partant de cette hypothèse d'une erreur de ma part, laissez ma prose pour ce qu'elle vaut, ne prenez plus la peine de vous occuper de ce que je pense ni de ce que j'écris. Promettez-moi seulement d'interroger vous-même, en tête-à-tête, chaque exilé qui fuit les persécutions cruelles des Autrichiens à Venise, à Mantoue, à Vérone, ou les abus occultes de l'administration cléricale à Rome: alors vous ajouterez une troisième brochure à vos études sur la Péninsule, et vous pourrez, je l'affirme, sans être taxé d'exagération, intituler votre dernière publication : *le Drame italien.*

Si vous tenez à placer la réalité où votre riche imagination a mis jusqu'ici la fiction, demandez à un de nos amis communs, à l'honorable M. LeBlond, membre du conseil de l'ordre des avocats, ancien représentant du peuple, de vous faire le récit de ce qu'il a vu sur la place Saint-Marc, il y a un mois, à l'occasion de je ne sais plus quel mariage archiducal; puis, quand vous aurez entendu le témoignage de cet homme de cœur, écoutez Pinchballe, le vaillant auxiliaire de Manin: il vous dira ou plutôt ne saura pas vous dire ce qu'est devenu ce pauvre *Bronsmüll,* pour la troisième fois enlacé brutalement à sa nombreuse famille et jeté sans doute au fond de quelque sombre prison d'État autrichienne. Ces révélations intéressantes vous apprendront, mon cher Pelletan, que si grande que soit notre sollicitude pour l'héroïque blessé d'Aspromonte, elle n'égale pas encore l'intérêt qui s'attache aux populations condamnées aux mystères de ce régime de *carcere duro.*

Est-ce bien l'heure, dites-moi, d'attaquer les soldats
de cette armée italienne, auxquels Manin, Cavour et
Garibaldi lui-même indiquaient, comme signe de ral-
liement, l'épée nue de Victor-Emmanuel? Longtemps
un chef militaire sera utile à la Péninsule, car ce n'est
que par les armes qu'elle fera disparaître de son sol
les dernières souillures de la domination étrangère.

Puisque nous sommes à Venise, abandonnée de toute
sa population valide présente sous les drapeaux de
l'armée nationale, je vous demande la permission, mon
cher Pelletan, de vous faire observer qu'en citant l'opinion de Manin sur la fédération et l'unité de son pays,
vous vous êtes arrêté en route. Pourquoi?

Vous ne vous souvenez donc pas de ce que l'illustre
exilé nous répétait sans cesse, à vous, comme à l'un des
défenseurs éloquents des idées libérales, à moi, comme
à l'un des plus obscurs, mais des plus dévoués partisans
de l'indépendance italienne : « C'est à nous, républicains,
disait Manin, à donner l'exemple du sacrifice et à faire
abnégation de nos sentiments particuliers afin de réunir
tous nos efforts pour chasser l'étranger? » Peu de mois
avant sa mort, le libérateur de Venise ayant été appelé
chez M. Piétri, préfet de police, à propos de la souscription des cent canons d'Alexandrie (souscription dans laquelle votre nom figure, mon cher Pelletan), Manin dé-
clara nettement à l'honorable fonctionnaire ce qui suit :

« Le parti national ne poursuit pas seulement l'indépendance, mais encore l'unification de l'Italie. Suppo-
sons en effet l'indépendance acquise, il nous faudra
toujours la garantie de l'unification pour pouvoir la défendre et la conserver. Tant que l'Italie resterait divi-

sée en petits États comme elle l'est, son indépendance
resterait menacée et précaire. » M. Planat de La Faye
vous donnera, si vous le désirez, une copie conforme
de ce document noté par Manin lui-même, heureusement, au sortir de l'entretien que je rappelle ici. C'est
ce document que le respectable écrivain dont je vous
parle, mon cher Pelletan, a opposé, avec beaucoup
d'autres preuves, à l'interprétation erronée donnée par
M. Guizot à une lettre extraite du recueil des *Pièces
authentiques* [1].

Je retrouve plus loin, dans la protestation de M. Planat
de La Faye, une lettre à Joseph Mazzini écrite par Manin.
En voici un passage :

« L'Italie peut être *indépendante et une* sous trois
formes : monarchie unitaire, république unitaire, république fédérative. Le seconde et la troisième formes
étant impossibles aujourd'hui, reste la première ; unis-
sons nos efforts pour y arriver. . . . .

« Je vous parle avec une conviction profonde : si nous
courons après la chimère de la république, aujourd'hui
impossible, nous lui sacrifions la réalité de l'unification
qui, certainement, est difficile, mais non impossible à
accomplir. Votre haute sagacité saura suppléer aux la-
cunes de mon exposition sommaire. Je crois qu'il est nécessaire de *stimuler* le Piémont et de ne point l'alarmer,
et il me semble que vous et les vôtres l'alarmiez en fai-
sant entendre, d'une manière plus ou moins voilée, à
son roi, qu'après avoir profité de ses efforts vous espé-
rez le renverser de son trône. »

1. Furne, éditeur.

Est-ce clair, mon cher Pelletan, et croyez-vous encore, après ces citations, que je doive aller chapeau bas (je n'irais jamais autrement dans aucun cas) au tombeau de Manin[1], demander pardon à son ombre d'avoir mal compris sa pensée?

Le républicain Manin avait créé le mot *unification*. Comment supposer qu'il n'aurait pas voulu la chose? N'effacez point d'un coup de plume passionnée ce trait de la vie du grand homme. C'est le plus beau sacrifice qu'un véritable patriote puisse faire à son pays. Faut-il préciser davantage? Je le veux bien, dans l'espérance de réveiller votre mémoire un peu paresseuse.

Vous avez déploré comme nous tous, il y a quelques années, la rupture politique de Montanelli et de Manin. Cette rupture, quelle en était la cause, sinon une division d'opinions qui portait le premier de ces deux hommes à préférer l'autonomie, et le second l'unité? Je puis me tromper sur votre façon d'apprécier le débat alors, mon cher Pelletan; mais il me semble qu'en ce temps-là vous ne donniez pas gain de cause à Montanelli.

IV

Maintenant est-il nécessaire de démontrer jusqu'à quel point les trois ou quatre partisans de la fédération se sont trompés? Consultez l'histoire de l'affranchisse-

---

1. On sait que Ary Scheffer avait offert à Manin, pour sa fille Émilia, l'hospitalité provisoire d'un caveau de famille. C'est là ensuite qu'on déposa le corps du grand patriote où son ami le peintre spiritualiste devait si vite le rejoindre.

ment partiel de la Péninsule durant ces dix dernières années, et faites-moi la grâce de me dire quels services ont rendu vos autonomistes, depuis Montanelli jusqu'à Cernuschi. Vous me répondrez peut-être qu'ils avaient largement payé antérieurement avec leur sang et leur intelligence la dette à la nation. Je le sais comme vous, mais cela ne suffit pas ; on ne s'acquitte jamais envers son pays ; il est éternellement créancier. Chaque citoyen est éternellement débiteur ; que dis-je ? chaque citoyen, c'est chaque génération qu'il faut lire ; car le dévouement à la patrie est un héritage sacré, transmissible de siècle en siècle et inaliénable. Faut-il vous citer un autre nom toujours cher à nous deux : celui du brave général Ulloa, le défenseur intrépide de Malghera ? Hélas ! lui aussi, dit-on, quatrième ou cinquième dans toute la Péninsule, est devenu séparatiste. Et cette fatale inspiration l'a condamné à ne point tirer l'épée du fourreau, alors que sa science profonde et son énergie calme auraient pu être si utiles à l'Italie en guerre.

Vous ne vous abstenez pas, mon cher Pelletan. Vous combattez un peuple opprimé qui ne vous a jamais fait de mal et qui n'avait appris à connaître votre nom que pour le bénir. Aujourd'hui même, en vous lisant, il ne se plaint pas ; il s'étonne et regrette de vous voir égaré parmi ses ennemis les plus acharnés. Vous écrivez que « le démon de la polémique m'entraîne ; » je ne le nie pas ; en cette matière vous êtes bon juge. Mais vous, quel génie malfaisant vous pousse à ouvrir le feu contre un peuple que l'Autriche tient encore sous sa sanglante domination ?

Attendez au moins, avant de siffler la *Tragédie italienne*, le dénoûment. Puisque vous voulez absolument que tout là-bas soit théâtral, eh bien ! on vous donnera satisfaction ; plus d'un cercueil de patriote tombé sous les balles autrichiennes passera devant vos yeux pendant que vous discuterez en faveur des formes fédératives. Ayez un peu de patience, s'il vous plaît? Le dernier acte de la pièce qu'on a l'honneur de représenter à Venise, à Vérone, à Mantoue et à Rome, décidera de l'avenir du peuple qui la joue, et c'est entre la liberté et la servitude que la lutte est engagée.

Comment la lumière ne se fait-elle pas à vos yeux, mon cher Pelletan? comment la sainte vérité ne jaillit-elle pas sous votre plume, quand vous raillez cette Italie, mère de toute notre civilisation moderne? Quoi ! vous, un amant passionné de la liberté, vous permettez, sans frémir de colère, que des soldats allemands portent les mains sur votre immaculée maîtresse? Et quand nous vous crions d'une voix suppliante : Aidez-nous à chasser ces instruments du despotisme, vous faites de l'esprit à nos dépens?

Je ne vous reconnais pas. La preuve, mon ami, qu'une fédération républicaine ou princière livrerait la Péninsule aux étrangers, aux ennemis de la liberté, c'est que tous les journaux de la réaction sans exception admettent volontiers ce démembrement politique. Vous reconnaîtrez peut-être que lorsque, dans un pays ou dans l'autre, les ennemis de la liberté adoptent une idée, cela signifie qu'ils espèrent que cette idée peut leur devenir profitable.

L'Autriche elle-même désire la fédération. N'écrit-elle point : « Laissez les États-Romains au pape, rendez Naples aux Bourbons, la Toscane aux grands-ducs, Modène à son bien-aimé souverain ; restituez-nous le Milanais pour approvisionner le quadrilatère, et nous respecterons Victor-Emmanuel dans son petit Piémont, diminué de Nice et de la Savoie? » En vérité, peut-on se montrer plus accommodant?

Une seule couronne est oubliée dans cette distribution fédérative, c'est la couronne qui a été le plus noblement portée par une femme intéressante, une princesse de sang français. — On fait un traité sans prononcer son nom. L'Autriche, si éloquente pour ses grands-ducs, n'en parle même pas. C'est justice, après tout ; madame la duchesse de Parme s'est retirée dignement en Suisse, un pays neutre ; elle n'a pas couru, comme le fils de Léopold, à l'état-major de l'armée ennemie de l'Italie, à Solferino, attendre d'un feld-maréchal quelconque la permission de rentrer dans ses États à la suite des fourgons de l'artillerie autrichienne. Aussi saluons-nous avec respect l'infortune et l'injustice fièrement supportées par la sœur de M. le comte de Chambord.

V

La fédération, telle que vous la comprenez, mon cher Pelletan, c'est l'union. « Je la préfère, dites-vous, à l'unité, parce que l'union est active et l'unité est passive. » Là, je crois, vous vous laissez entraîner vers une grande erreur : longtemps je l'ai partagée.

C’est Manin qui, sur cette question, m’a ouvert les
yeux. Je voudrais bien vous faire subir avec succès la
même opération. La fédération a, cela est vrai, une
activité apparente qui séduit au premier aspect ; mais
on s’aperçoit vite que cette activité, toute de rivalités
et d’intrigues jalouses, est improductive. Le temps dû
à l’administration des affaires d’un pays se passe à
apaiser des querelles ou des susceptibilités de voisi-
nage et d’amour-propre. Les puérils débats, les préten-
tions grotesques, les antipathies de clocher, les antago-
nismes plus graves d’intérêts commerciaux, tout oblige
les petits gouvernements fédéraux à s’étioler dans une
sorte de commérage politique épargné aux grandes
forces unitaires. En un mot, le fédéralisme, c’est la vie
de province appliquée à la politique, — autant dire
l’engourdissement absolu, ou l’agitation perpétuelle
sans profit : l’activité de l’écureuil dans sa cage.

Je crois fermement, mon cher Pelletan, que c’est par
la constitution de leur unité que la Pologne, l’Irlande,
la Hongrie comme l’Italie, reprendront un jour la place
qu’elles méritent et qu’elles ont le droit d’avoir parmi
les nations libres. Vous, au contraire, vous vous extasiez
naïvement sur les budgets, les diètes, les armées fédérales. Les diètes, passe encore ! mais les budgets infi-
niment petits et les armées divisées, je ne vois pas
l’avantage qu’ils procurent. Consultez là-dessus les
hommes spéciaux : ils vous affirmeront que les budgets
de la France et de l’Angleterre par exemple offrent in-
infiment plus de garanties que celui ou ceux de tous les
États confédérés du monde, confédération suisse, confédération germanique, y compris l’Autriche et les

petits Duchés-bains des bords du Rhin. Quant aux armées, mon cher Pelletan, c'est cent fois pis. Les guerres nationales sans l'aide de corps d'armée réguliers, instruits, disciplinés, approvisionnés, ne résistent pas à la tactique de puissances militaires telles que l'Autriche et la Russie.

Ouvrez le premier volume d'histoire qui vous tombera sous la main, vous verrez qu'aucune guerre de partisans ne peut triompher des combinaisons stratégiques d'une armée bien organisée. Voulez-vous essayer de vous en rendre compte : dites-moi par quels moyens, sans les régiments de Victor-Emmanuel, vous arriveriez à fonder en Italie vos républiques fédératives. Supposez-vous, par hasard, que les milices citoyennes improvisées, si braves qu'elles soient, et elles le sont réellement, seraient capables d'expulser les Autrichiens du quadrilatère? Vous n'oseriez pas le soutenir, car c'est pour le coup que vos lecteurs crieraient au poëte; et cette fois vous ne leur en feriez pas un crime. Les conquêtes du premier Empire serviraient au besoin de témoignage à l'appui de ce que j'avance.

Vous ne vous opposez pas, je l'espère, au renvoi des Autrichiens: alors, si vous tenez à cette exécution, conseillez à Victor-Emmanuel et à ses ministres, quels qu'ils soient, de former immédiatement une puissante marine avec une savante armée. Voilà les deux termes à l'aide desquels sera résolu le problème de l'indépendance italienne; hors de là, tout est illusion ou mensonge.

A quoi bon d'ailleurs multiplier les formes de gouvernements et de constitutions en Europe? Ce sont autant de barrières élevées entre le monde ancien et le monde nouveau, autant d'obstacles, par conséquent, à la marche de l'esprit humain vers l'affranchissement général, c'est-à-dire vers la liberté. Ne devons-nous pas appeler de nos vœux, mon ami, à titre d'instruments de civilisation par toute la surface du globe, l'unité de langage, l'unité monétaire, l'unité de poids, l'unité de mesure, l'unité de justice, comme nous avons déjà l'unité télégraphique? Ne cherchons pas à diviser nos forces ; réunissons-les au contraire : à cette seule condition nous accomplirons, dans le sépulcre même du passé, le travail de la résurrection politique. Il ne s'agit pas seulement de délivrer l'Italie, il faut affranchir le monde. Or, pour résoudre ce problème, c'est par Rome qu'il faut commencer. Le pouvoir temporel, l'*Éternel Étranger*, (a dit un poëte) est la négation constante de l'idée de patrie. Supprimons la négation, nous sauverons la patrie, et depuis les Alpes jusqu'à la Calabre nous rendrons la vie à ce grand corps malade qui a besoin de lumière et de liberté !

VI

Vous n'avez donc pas gardé douce souvenance, mon cher Pelletan, de cette terre du soleil et des fleurs, que vous fîtes visiter, il y a vingt ans je crois, à votre jeune femme? Vous admiriez ensemble, dans une sainte communion de cœur et d'esprit, les magnificences de ce sol privilégié où la nature a tant fait pour aider les hommes; vous parcouriez souvent à pied les sinueux

contours de la route de la Corniche, suivant la trace
du grand apôtre Lamennais, qui vous avait devancé à
Rome, son bâton de voyage d'une main et le journal
l'Avenir de l'autre. Lamartine vous arrêta au retour. Le
chantre des *Méditations* vous offrit, si je ne me trompe,
l'hospitalité de sa maison fleurie d'Ischia. Il a raconté
quelque part, en son splendide langage, votre arrivée
à deux chez lui, sa joie de vous recevoir et de vous faire
les honneurs de cette terre italienne qui l'avait inspiré
tant de fois, sous les ombrages des cascines, au bord de
l'Arno. Le poëte représentait la France, et comme penseur et comme ministre, à la cour même où les Médicis
avaient encouragé Michel-Ange et illustré l'Italie en
méritant de donner leur nom à un siècle.

Vous l'aimiez alors, n'est-ce pas, mon cher Pelletan,
la noble nation captive, comme Byron, comme Chateau-
briand l'ont aimée? C'était, pour Lamartine et pour vous,
l'âge des saints enthousiasmes, des grands dévouements.
Vous croyiez l'un et l'autre à la délivrance de la Péninsule en ce temps-là. Pourquoi n'y croiriez-vous plus
aujourd'hui, qu'elle est arrosée du sang de tant de mar-
tyrs? L'Italie a besoin du concours de ses amis. Ne lui
refusez pas le vôtre. D'où vient que Lamartine et vous, si
bien faits pour la défendre, vous excitiez à présent les
applaudissements et les cris de joie des *Autrichiens de
Paris?*

Je ne me permets pas de vous juger ni l'un ni l'autre;
je vous demande seulement, à vous, mon ami, d'être à
l'avenir un peu moins dur à ces malheureux Italiens,
qui en sont encore à espérer qu'on leur permette d'entrer dans leur capitale.

Il faut avoir vécu au milieu des petits centres
despotiques pour connaître les dangers de ce régime
fédératif propre à éteindre dans les âmes tout désinté-
ressement, tout patriotisme, tout sentiment généreux.
Ne souhaitez pas à l'Italie, même avec la modification
républicaine, le retour à la vie disciplinée sous ces ma-
chines pneumatiques qui asphyxiaient sinon les corps du
moins les intelligences. Laissez un libre cours à l'ému-
lation du bien, au culte des grands souvenirs et des
belles espérances, car, n'en doutez point, tandis que
nous discutons, la Péninsule agit, et, comme l'a dit un
éminent publiciste, M. Peyrat, « devant les objections de
« la routine sur l'incompatibilité du génie italien avec une
« constitution unitaire, l'Italie a imité le philosophe qui
« marcha pour prouver le mouvement. » Assez longtemps
l'Autriche a soutenu la cause de la fédération au delà
des Alpes, à l'aide de ses gros bataillons. L'expérience
est faite. Il ne serait pas prudent aux Italiens de s'arrêter aux considérations secondaires soulevées par votre
lettre, mon cher Pelletan ; il importe de courir au plus
pressé, et le plus pressé en ce moment, c'est de for-
tifier dans la Péninsule le sentiment national qui nous a
fait remporter, à nous Français, tant de grandes victoires.
L'unité aidera certainement l'Italie à obtenir ce résul-
tat. La fédération ne viendrait qu'affaiblir et relâcher
le lien patriotique qui doit unir tous les citoyens dans uue
même pensée de résistance contre les armées et les
influences étrangères.

Vous êtes un terrible homme, mon cher Pelletan,
avec vos formes courtoises et graves. Décidément je ne
voudrais pas vous avoir pour ennemi : c'est déjà bien

assez de me trouver, je ne sais comment, votre adversaire ! Tantôt c'est un roi, tantôt c'est un empereur, tantôt c'est un ministre que vous prenez à partie et dont vous ne laissez pas grand'chose lorsque vous les avez à tour de rôle fait passer au creuset de votre alchimie philosophique. Vous l'avouerai-je ? il y a eu des quarts d'heure, depuis que nous combattons, où j'ai dû m'adresser les plus vives remontrances à moi-même pour ne pas jeter ma plume sur le carreau et prendre bravement la fuite, à la façon des soldats qui manquent d'enthousiasme. Une considération m'a retenu ; elle n'est point à ma louange : c'est pourquoi je la fais valoir. Instinctivement je sentais que dans ce duel vous m'épargneriez par deux raisons : la première, parce que vous reconnaissez en moi une conviction sincère, ardente, inébranlable, ce qui est vrai ; la seconde, parce que, permettez-moi de le dire, vous m'aimez, et qu'en dépit du dicton latin on ne châtie fort que ceux qu'on déteste. Cet aveu fait ne vous donnera peut-être pas une haute opinion de mon courage ; n'importe ! il vous prouvera du moins que j'ai le mérite de la franchise.

VII

« Il y a un point du débat toujours passé sous silence par moi, dites-vous, mon cher Pelletan ; et ce point, vous désirez le remettre sur le tapis ou sur le papier. » Je ne demande pas mieux.

« Le Piémont avait-il signé, oui ou non, la paix de Zurich, et, l'ayant signée, devait-il faire honneur à sa signature ? » Je réponds à votre interrogation : Oui certes, il y était tenu. Mais Garibaldi, lui qui, Dieu merci, n'assistait pas à la conférence diplomatique, restait libre de délivrer la Sicile et le royaume de Naples. — C'est ce qu'il a fait. Maintenant mettez-vous a la place d'un gouvernement à qui un citoyen vient dire : « Une lutte était engagée à Palerme et à Messine au nom de l'indépendance, contre les troupes d'un roi dont on mettait en doute le patriotisme ; j'ai pris part à la lutte, j'ai triomphé. — Les Siciliens veulent entrer dans la famille italienne, — je vous apporte l'expression de leur vœu. » — A mon tour, mon cher Pelletan, permettez-moi de vous demander ce que vous auriez fait ? Pour ma part, je déclare hautement que le gouvernement de Victor-Emmanuel, au lendemain des batailles qui rendaient la liberté à une partie de la Péninsule, n'avait pas même le droit de la refuser à l'autre. Est-ce juste ? Garibaldi a conquis, le gouvervement italien a accepté la conquête de la Sicile et du royaume de Naples. Après tout, ces hommes-là sont chez eux, citoyens d'une même nation ; où est le mal ?—Je ne le vois pas, et je n'admettrai jamais l'argumentation des journaux réactionnaires qui veulent assimiler l'annexion volontaire de divers groupes d'un même peuple à l'action violente d'une association forcée d'éléments politiques hétérogènes. Comment ces scrupuleux écrivains admirent-ils si complaisamment l'organisation de l'Autriche, de la Russie et de la Prusse, enrichies des dépouilles de la Pologne ? comment approuvent-ils de la

part du cabinet de Vienne ce qu'ils condamnent si injus-
tement de la part du cabinet de Turin? Les Hongrois,
les Italiens et les Polonais exècrent l'Autriche, le souvenir du sang répandu de ces peuples généreux est là
pour l'attester, et cependant le presse réactionnaire de
France n'a pas assez d'éloges à offrir à ce gouvernement fait de pièces et de morceaux de territoires volés!
En revanche, des Italiens qui se réunissent à des
Italiens en vue de chasser l'étranger de leur territoire,
ceux-là sont des brigands, des gens sans foi ni loi.
Que voulez-vous, mon cher Pelletan, la justice du parti
légitimiste le veut ainsi. Il faut que cela soit. Laissez
à ces ennemis irréconciliables de la liberté des peuples
l'honneur de ces raisonnnements; mais, pour Dieu et
pour vous-même, mon ami, n'allez pas tremper dans
ces honteuses combinaisons de l'esprit de parti !

Au sortir de la conférence de Zurich, M. de Cavour a
pu dire en souriant, comme le raconte M. d'Haussonville :
« Maintenant je vais conspirer. » C'est le mot d'un
homme d'esprit, voilà tout. Il ne faut pas lui donner
plus d'importance qu'il n'en mérite; encore moins y
attacher, comme vous le faites, le sens définitif d'un
programme politique. Si, chaque fois que vous laissez
échapper une réflexion originale, on prétendait vous
juger sur cette réflexion, vous vous récrieriez ou vous
n'ouvririez jamais la bouche, ce qui serait dommage
pour ceux qui peuvent vous écouter. Ne faites pas à
autrui, mon cher Pelletan, une chicane que vous repous-
seriez à bon droit si elle s'adressait à vous. Ici encore le
précepte évangélique trouve son application. A vrai
dire, je suis surpris que vous vous soyez arrêté un in-

stant devant cette plaisanterie. Je ne ferai pas à la mémoire du comte de Cavour l'injure de le comparer à
M. de Talleyrand ; néanmoins je vous rappellerai que
s'il fallait aller chercher dans les bons mots d'un homme
politique l'indice de son caractère, les personnages
officiels seraient tous de très-honnêtes gens, parce qu'ils
ne disent que ce qu'ils veulent bien faire répéter ; et
j'espère que vous n'avez pas l'intention de fonder un
prix de vertu pour les hommes en place. Avec cette
idée vous courriez grand risque, mon cher Pelletan, de
ne couronner que *par défaut*, comme cela se passe dans
certaines communes où les rosières manquent.

VIII

Vous engagez le gouvernement italien à prendre son
point d'appui dans la révolution. Je n'ai jamais formulé
d'autre vœu. Toutefois il ne faut pas non plus, vous
m'accorderez bien cela, que le gouvernement italien
imite cet ambassadeur naïf de la République de 1848, qui
voulait absolument tutoyer la reine d'Angleterre. Les
gouvernements sont tenus à se témoigner certains égards
réciproques, comme les individus bien élevés entre eux.
Or, si la Russie, la Prusse, ou autres gouvernements
établis, reconnaissent le nouveau royaume d'Italie, ce
n'est pas une raison de crier à la trahison pour cela. La
réorganisation de l'école polonaise de Cunéo sur une
plus large échelle vous donnera bientôt entière satisfaction.

Le gouvernement italien va trouver, dites-vous, à la prochaine réunion du Parlement, devant lui le parti de l'action en rumeur. « Ce parti prendra le nom de Gari- « baldi pour rendez-vous, il grandira la légende de ce « nom deux fois consacré par la gloire. Ce n'était qu'un « héros, le voilà un martyr. L'Italie ne lui avait jeté « que des fleurs, elle lui a donné des larmes. » Ce que vous exprimez en votre beau langage, mon cher Pelle- tan, nous le sentions tous au fond de nos cœurs. Oui, le nom respecté de Garibaldi servira désormais de mot d'ordre à tous les peuples opprimés, et ce sera justice ; car il est bon d'honorer, au temps où nous sommes, l'incarnation du patriotisme et du dévouement à la cause commune. Je souhaite que le premier député qui portera la parole en présence de la chambre italienne salue le glorieux blessé, et rassure l'opinion émue quant aux craintes qu'on a pu concevoir pour la vie de ce grand citoyen.

Toutefois, mon cher Pelletan, vous vous abuseriez étrangement si vous pensiez que le parti de l'action, entrant en majorité au ministère, travaillerait à la con- fection de vos républiques fédératives. Le parti de l'action est plus unitaire encore que moi; il marche- rait immédiatement sur Rome afin d'établir, de vive force, dans la ville éternelle, la capitale de l'Italie. A l'exception de Cernuschi que vous me citez, bien qu'il soit éloigné de son pays depuis dix ans, vous ne me nommerez pas plus, je le répète, de quatre ou cinq hommes politiques au delà des Alpes qui veuillent sub- stituer la fédération à l'unité. Comptons ensemble, si vous le permettez. On a parlé de Montanelli, il est

mort; du général Ulloa, il n'a jamais déclaré, que je
sache, qu'il fût l'adversaire du plan d'unification conçu
par Manin et lui-même dans les conciliabules de la rue
Blanche, avant la dernière guerre de l'indépendance;
Cattaneo et Ferrari sont fédéralistes, c'est vrai, deux
esprits supérieurs à coup sûr, mais entraînés en dehors
du monde réel par amour des abstractions philosophi-
ques; le nom de Massimo d'Azeglio avait été prononcé
comme celui d'un adversaire de l'unité, heureusement
l'honorable patriote s'est hâté de démentir le fait. En
revanche, mon cher Pelletan, je suis fâché de vous le
répéter, tous les réactionnaires, tous les légitimistes,
tous les cléricaux et tous les Autrichiens veulent la fédération.

Résumons vos forces dans la Péninsule. Parmi les
hommes considérables de l'Italie, il y a trois partisans
avoués du système que vous préconisez. Je dis trois,
c'est deux seulement qu'il faudrait compter, puisque le
premier est domicilié à Paris. Peut-être, en cherchant
bien, en trouverions-nous réellement un troisième;
alors je vous crierais : Gare! de peur que vous ne tom-
biez dans *la trinité* de M. de La Guéronnière, ou dans la
farce du citoyen Proudhon.

IX

Vous revenez sur la question de la capitale unitaire
pour maintenir votre défense à l'Italie d'entrer dans
Rome; mais vous ne songez donc pas qu'elle y est déjà?

Ce peuple romain, dont vous ne dites mot, dont vous ne prononcez pas même le nom; ce peuple romain représente une partie de l'Italie. Il se croit, lui aussi, quelque droit à l'existence politique, et il demande à être consulté même par vous, mon cher Pelletan. Votre amour platonique du droit public vous pousse jusqu'à rêver la restauration de la république de Saint-Marin, bien digne d'intérêt, je n'en disconviens pas, et voilà que vous marchandez aux descendants du peuple-roi la faculté de choisir le gouvernement qu'ils désirent!

Cette fois, vous devez une réparation d'honneur au principe de liberté que vous proclamez en faveur de la république de Saint-Marin, et que vous violez à Rome au pied du Capitole.

Mes cris vont peut-être vous rappeler ceux des oies qui le sauvèrent jadis; n'importe! pourvu que je vous détourne de l'idée de faire de la ville éternelle le *Campo santo* de la papauté. Heureusement que vous n'en avez pas plus le pouvoir que le droit; autrement, avec votre armée de pompes funèbres, vous et votre bonne volonté auriez bien vite métamorphosé la patrie de Brutus en un vaste *columbarium* où vous rangeriez, sous de savantes étiquettes, les tombeaux de tous les grands hommes qui ont illustré Rome. Seulement, sans y songer, vous enseveliriez avec eux une petite chose qui ne meurt jamais : la Liberté! Je livre cette dernière réflexion à votre jugement.

Sans Rome, l'Italie ne peut vivre; demandez à Garibaldi, il se redressera sur son lit de douleur pour vous le dire. Avez-vous déjà oublié le cri de guerre du libérateur : Rome ou la mort? Cette devise est l'expression énergique de la vérité : il faut une capitale à la nation affranchie. Or, cette capitale ne peut être que Rome, et cela par deux raisons : la première, c'est qu'il est urgent de transformer un foyer de réaction et d'hostilité en un foyer d'action et de patriotisme ; la seconde raison appartient à un autre ordre d'idées : elle exige qu'on jette les fondements de l'unité nouvelle sur le théâtre même des grandeurs anciennes.

La ville éternelle doit être le lieu désigné de la première étape qui, dans l'histoire de la Péninsule, va servir de point de départ au parti de l'avenir. Vous voyez là une contradiction, et vous me raillez parce que, après avoir fait, dites-vous, « un bruyant étalage de mon amour du progrès, j'en arrive, selon vous, au culte forcené du passé ; » le tout par l'unique motif que les conditions économiques et *confortables*, mauvaises, je l'avoue, de Rome, ne me paraissent pas devoir être un obstacle suffisant à ce que cette ville devienne la capitale de l'Italie. Là-dessus, avec beaucoup d'esprit et de verve, mon cher Pelletan, vous faites défiler le brillant cortège d'une cour, c'est-à-dire « les écuyers, les veneurs, « les chambellans, toutes ces excellences titrées, do- « rées, brodées, brochées, frisées et parfumées, » que pour rien au monde votre bon cœur ne voudrait laisser bivaquer dans les masures pompeuses de Rome ouvertes aux quatre vents. Certes, je ne m'attendais pas à vous voir si rempli de sollicitude envers des courtisans. Toute votre charité y passe ; il ne vous en reste même plus pour nous accueillir, nous qui demandons à installer un peuple à la place ou à côté d'un pape, et à réconcilier, si c'est encore possible, la religion avec la liberté. Quelle objection juste peut opposer à ce vœu national le successeur de Celui qui a dit : « Mon royaume n'est pas de ce monde? » Je ne la prévois pas.

Vous vous résignerez, n'est-ce pas, à la rigueur, à apprendre que l'état-major de Victor-Emmanuel ne jouit pas de toutes ses aises ? Ce roi zouave, vous le savez, est un brave soldat, le bivac ne lui fait pas peur ; il nous a même avoué un jour qu'il préférait vivre sous la tente que sous les voûtes splendides de ses palais. Mais votre galanterie toute française s'émeut à la pensée de voir « les dames et les demoiselles d'honneur, « ces vaporeuses italiennes chargées d'électricité, ces « délicates sensitives de l'aristocratie, déjà flétries du « souffle de la Maremme, traîner tristement leurs robes « à queue dans ce grand cimetière de Rome ! »

Rassurez-vous, mon cher Pelletan, ces *délicates sensitives,* si recherchées et si petites-maîtresses, selon vous, sont les filles ou les sœurs des hommes qui combattent pour l'indépendance de la Péninsule. On les a jugées à l'œuvre, lorsque, à Venise, à Milan, à Brescia, elles s'élançaient aux barricades afin d'aller panser les blessés jusque sous le feu de l'armée autrichienne. Enfants de la classe ouvrière, de la bourgeoisie, de la noblesse, toutes fraternisaient aux cris de : Vive l'Italie! Croyez-vous, mon ami, que des femmes de ce caractère ne sont pas capables de renoncer pendant quelques mois aux douceurs de la vie, en vue de donner une capitale digne de ce nom à leur pays ?

Ce qui est à vos yeux « une cruelle pénitence » passe aux leurs pour un acte de patriotisme. Ces femmes

ont toutes appris, en venant au monde, à aimer l'Italie.
Rappelez-vous cette noble et sainte mère qui disait un
jour à Manin dans Venise assiégée et affamée par Ra-
detzki : «Je suis veuve ; voilà mes cinq fils ; prenez-les
tous ; je voudrais en avoir douze pour vous prier de les
conduire au combat. » Eh bien ! mon cher Pelletan, ces
vaporeuses Italiennes chargées d'électricité communi-
quent parfois leur fluide et électrisent à leur tour, non
des amants pâles et langoureux, mais des enfants bien-
aimés qu'elles envoient elles-mêmes sur tous les
champs de bataille de la Péninsule. Ces délicates sensitives, que le moindre souffle peut faire trembler sur les
terrasses parfumées de leurs palais, marchent sans pâlir
au danger, et meurent comme des soldats.

En 1848, on a vu ce que les femmes d'Italie peuvent
faire quand il s'agit de chasser l'étranger. Après ces
épreuves, vous auriez mauvaise grâce à douter encore
d'elles.

X

Je suis prêt à m'incliner respectueusement devant
le vicaire du Christ, « saint Pierre couronné, dites-
vous, et ressuscité de conclave en conclave. » Nul
plus que moi ne rend hommage aux vertus privées de
Pie IX. Je repousse donc toute idée de contrainte, toute
pensée de violence exercée contre le chef vénéré de
l'Église apostolique ; mais je repousse également la violence et la contrainte exercées contre le peuple romain.

Qu'invoque-t-on pour agir ainsi? L'étrange prétexte
que Rome appartient aux deux cent millions de fidèles
éparpillés dans le monde entier et non aux Romains.
Pourquoi compromettre ainsi le pontife d'une religion
dont les deux premiers préceptes enseignent la charité
et l'amour? C'est là un crime de lèse-piété. Ils sont bien
coupables ceux qui, pour conserver une ombre de pouvoir temporel à la papauté, retardent l'heure de la délivrance de l'Italie. Quoi! vous regardez Pie IX comme le
successeur du disciple de Jésus et vous redoutez pour
lui un acte de dévouement? A qui donc, en ce monde,
demandera-t-on le renoncement aux biens de la terre,
si ce n'est au chef d'une religion enseignant l'humilité
et les privations?

Je n'ai pas la faiblesse de croire, mon cher Pelletan,
que le saint pontife qui vit sur un « perpétuel Thabor,
moins que Dieu, mais plus que l'homme : *minor Deo,
major homine,* comme vous dites, que Pie IX enfin
irait abaisser toute la série de papes incarnée en lui, »
en déposant volontairement l'attirail embarrassant des
oripeaux d'une fausse grandeur. Je pense qu'un pape
qui aurait la sublime pensée de ce sacrifice rendrait à
la religion le plus signalé des services; car il est permis
de se demander lesquels s'éloignent davantage de l'esprit évangélique de la morale divine, de nos adversaires
défendant, les armes à la main, le pouvoir temporel, ou
de nous qui, avec huit mille ecclésiastiques italiens, sup-
plions le saint-père de mettre un terme aux anxiétés
d'une nation de vingt-cinq millions d'hommes. Qu'il permette au chef de l'armée libératrice de la Péninsule de
venir incliner respectueusement ses glorieux drapeaux

sous la main qui bénit la ville et le monde, Pie IX n'aura pas à s'en repentir.

Lorsque Jésus de Nazareth allait choisir ses douze disciples parmi les pauvres artisans de son temps et qu'il parcourait avec eux les villes de la Judée, prêchant la charité, l'amour de Dieu, l'espoir d'une autre vie, et donnant l'exemple de toutes les vertus, le fils de Marie, médiateur auguste entre le Créateur et la créature, fondait une religion protectrice des faibles et des opprimés.

Sont-ce bien les véritables intérêts de la même religion que l'on confiait naguère à la vaillante épée du général Lamoricière? Les journaux parisiens de la réaction le soutiennent, mais pas un chrétien éclairé ne le croira.

Quoi! Jésus meurt crucifié après avoir pardonné à ses bourreaux les tortures de la passion, il lègue à ses apôtres comme suprême volonté le soin d'aller instruire les peuples; et vous, retournant le sens de ses paroles saintes, vous conseillez, sans vous en douter, au conservateur suprême de la doctrine chrétienne d'enrégimenter des zouaves pontificaux pour verser le sang d'un peuple dont tout le crime consiste à désirer la liberté? Est-ce que Jésus lui-même n'ordonna point à saint Pierre de remettre l'épée dans le fourreau? Imitez-le donc, ou condamnez-le comme coupable de mansuétude et de charité; sinon débaptisez-le, car Jésus, en hébreu, veut dire Sauveur. D'où vient que, au moment où nos mœurs s'adoucissent, où la justice tend à s'introduire partout dans le monde, où le règne de la vérité commence, c'est de la Rome papale que partent les cris de guerre, les mots d'ordre violents, les anathèmes d'un autre âge ; et cela uniquement parce qu'il s'agit d'une concession de territoire que l'Église refuse à ceux qui le cultivent à la sueur de leur front? Veulent-ils faire mal, outrager les croyances, violer les lois saintes d'une religion sacrée? Non, ils sollicitent simplement comme un bienfait qu'on leur restitue l'usage d'une liberté sage qui est un droit imprescriptible, celui d'avoir une existence propre et de prouver au monde civilisé que les nations ne périssent jamais.

Ces citoyens opprimés représentent un principe inaltérable, le principe de la souveraineté populaire. Nous avons donc raison de nous étonner de voir le chef du catholicisme transformer son rôle de protecteur en un rôle d'opposant. Avant d'être pape, Mastaï Ferretti était prêtre et Italien ; pourquoi faut-il qu'oubliant ces deux titres il invoque aujourd'hui contre son pays l'appui des baïonnettes étrangères? Il me semble que le réformateur de 1847 est bien loin actuellement des idées généreuses qui ramenaient au pied de la chaire de vérité tant d'âmes blessées que l'intolérance et la persécution en avaient éloignées. J'ai vu à Rome alors, non sans attendrissement, les envoyés de tous les peuples de la terre, même ceux du président des États-Unis d'Amérique et ceux du sultan de Constantinople, venir apporter au nouveau Rédempteur le tribut de leurs félicitations et de leurs hommages. A cette même époque, un ancien ministre du roi Louis-Philippe, l'honorable M. Thiers, s'écriait aux applaudissements des députés de toute la France : « Courage, saint-père! » Je me demande si parfois le souverain pontife, dont la bonté personnelle ne saurait être mise en doute, n'a pas quelque retour sur lui-même, et si, en souvenir des acclamations et des actions de grâces de ce même peuple romain, qui avait placé dans le vicaire du Christ toutes ses espérances, Pie IX ne songe pas à continuer l'œuvre brusquement interrompue de l'émancipation italienne. Hélas! prisonnier lui-même dans Rome, tantôt de l'Autriche, tantôt de la France militaire, il n'est plus probable, malheureusement, que le successeur de Grégoire XVI songe maintenant à donner à l'Église la gloire de délivrer l'Italie. Livré à ses inspirations particulières, peut-être le ferait-il; mais l'armée des cardinaux qui le surveille d'un œil inquiet ne lui laissera jamais exécuter cette grande idée un instant entrée dans son cœur.

« Et il irait au-devant de son vainqueur une palme à la main! et il lui dirait avec je ne sais quelle résignation musulmane, en face du fait accompli : « Me voilà; Dieu l'a voulu! » Pourquoi pas, mon cher Pelletan? Le Christ, dont Pie IX n'est que le dernier vicaire, n'a-t-il point murmuré, durant son agonie sur le Calvaire, cette sublime prière : « Mon père, que votre volonté soit faite? » Il n'y a rien de moins musulman que la résignation, qui compte au nombre des vertus chrétiennes. D'ailleurs, peu importe que le pape, dans son langage mystique, appelle le vaillant chef de l'armée italienne un Héliodore. Le spoliateur est celui qui, au delà des Alpes, enlève au peuple romain le droit de choisir le gouvernement qu'il désire.

Nous ne vous demandons, en définitive, pour les citoyens de la ville éternelle, que l'exercice du libre arbitre. Est-ce un rôle digne de la papauté que de s'opposer aux vœux de ses sujets? N'y a-t-il pas même un réel danger de schisme à poser ainsi la religion en adversaire de la justice? Je le demande aux catholiques raisonnables qui ne puisent pas leurs inspirations religieuses dans les théories de la *Gazette de France*; qu'ils disent sincèrement s'ils ne croient point que le pouvoir temporel est plutôt une charge qu'un bénéfice pour le souverain pontife? Le père Ventura n'a-t-il point, en pleine chaire apostolique, dans Rome, conseillé de ne pas compromettre l'avenir de la religion, plus précieux cent fois, s'écriait-il, *que la possession d'une motte de terre.* Le cardinal Gizzi, ce premier et regrettable ministre de Pie IX, ne prêchait-il pas, lui aussi, le renoncement au gouvernement politique des hommes, afin de consacrer toutes les forces morales de la papauté à la direction des âmes? Le père Passaglia le croit aussi. Là, évidemment, serait la sagesse de la part du sacré collége qui, oublieux des préceptes généreux de saint Ambroise et de saint Chrysostome, substitue les vues étroites d'un intérêt passager aux sublimes conceptions humanitaires de l'Évangile.

XI

Sous le rapport légal, il y a un point que toujours les défenseurs du pouvoir temporel passent avec raison sous silence; ce point, c'est celui du droit national qu'ils voudraient vainement subordonner aux priviléges de l'Église catholique. Ainsi, quand monseigneur Dupanloup vient éloquemment rappeler la vénération de l'ar-

mée sarde pour saint Martin, auquel les soldats du
général La Marmora élevèrent une chapelle sous le feu
des batteries de Sébastopol, l'orateur sacré rend hommage, sans s'en douter peut-être, à la foi italienne,
sincère, ardente, profonde et cependant opposée au
gouvernement temporel du pape. On ne nous dira donc
plus qu'impies nous-mêmes nous soutenons des impies.
Nous citerons, pour ceux dont nous défendons la liberté,
les belles paroles prononcées récemment par monseigneur l'évêque d'Orléans, dans la cathédrale de Tours,
en présence d'une brillante assemblée. Le vénérable
prélat a rappelé avec un grand bonheur d'expression les
vertus de l'ancien évêque de Tours, de l'apôtre illustre
des Gaules; puis, en forme de péroraison, monseigneur
Dupanloup a ajouté, à la grande satisfaction de son
pieux auditoire :

« Que la Sardaigne ne se borne pas à agiter l'image
du saint devant ses bataillons; qu'elle demande à sa
vie des enseignements et qu'elle se souvienne de ses
exemples! elle y verra qu'il ne dépouillait pas les autres
de leur manteau, mais qu'au contraire il se dépossédait
du sien pour vêtir leurs épaules nues! » Très-bien.
Dans l'opinion de beaucoup de personnes de bonne foi,
cette épigramme catholique, apostolique et roma ine
résume toute la question italienne.

Mais me sera-t-il permis de demander à monseigneur
Dupanloup de quel manteau le pape entend se dépouiller
pour vêtir les épaules nues de ses malheureux sujets?
Jusqu'ici la cour de Rome a donné au contraire le triste
exemple de l'obstination la plus cupide à garder, malgré la volonté du peuple des États-Romains, ses préten-

dus droits de possession matérielle. En outre, l'éminent orateur, qui s'extasie devant la charité envers un homme, n'a point assez d'encens à offrir au pouvoir religieux, refusant de se rendre aux vœux légitimes de tout un peuple. Le don volontaire d'un manteau est méritoire, mais la restitution de la liberté à des milliers de citoyens qui la réclament serait une action encore plus grande et plus agréable à Dieu. Il ne s'agit pas seulement de prêcher la morale, il faut aussi la mettre en action. Est-ce un manteau que le sacré collége envoyait porter aux habitants de Pérouse, lorsqu'il faisait faire le sac de la ville par les troupes pontificales du général Schmidt? En tout cas, ce devait être un manteau rouge, car il était teint du sang des patriotes!

Est-ce sérieusement, mon cher Pelletan, qu'un penseur de votre trempe, plein de bonne foi et de science, s'arrête aux considérations puériles que vous faites valoir en faveur du maintien du *statu quo* pontifical? Allez-vous, par hasard, vous associer à M. le comte de Montalembert pour placer les droits de l'Église au-dessus du droit national? Allez-vous, enfant de la Révolution, servir dans les rangs des croisés modernes qui étouffent la liberté à Rome en la pleurant à Paris? Moi, je la voudrais à Paris et à Rome; vous aussi, je ne puis en douter.

Lorsque je vous vois défendre aux Italiens d'entrer dans leur capitale naturelle, mon cher Pelletan, je ne puis m'empêcher de vous comparer à ces savants docteurs protestants qui, pour faire preuve d'érudition et de bonne foi littéraires, louent Grégoire VII, mais n'en croient pas moins fermement que Luther, à lui seul, était un plus grand homme que tous les papes réunis. M. de Montalembert, dont je me plais à honorer et le talent et le caractère, est fatalement l'ennemi de l'indépendance italienne, qu'il défendrait certainement si elle n'était liée à la question du pouvoir temporel des papes, puisqu'il a défendu autrefois l'Irlande et la Pologne. Mais vous, libre penseur, prenez-y garde, et n'allez pas, en haine des instruments de la délivrance, tirer sur la liberté, vous, si digne, au contraire, de rester partout un de ses apôtres.

Je voudrais m'arrêter là, mon cher Pelletan, afin d'épargner votre patience et celle de mes lecteurs; cependant j'ai encore une prière à vous adresser : armez-vous donc de courage et souffrez que je continue.

Ne raillez pas les croyances vives du peuple italien, ces croyances que Voltaire lui-même demandait qu'on respectât. La Foi est la source de toutes les grandes idées, de tous les sacrifices généreux, la foi, qu'elle soit catholique, protestante ou juive, religieuse ou politique, nous devons la souhaiter à ceux qui n'en ont aucune. Sans elle, on ne fera jamais rien de bien. Cependant vous jugez mal le peuple italien; si fanatique que vous le supposiez, il n'a pas la superstition de croire comme vous à la nécessité du maintien de la forme théocratique au Vatican; il n'y voit, dans l'état actuel des consciences, qu'un despotisme incompatible avec le corps social. Le pape-roi n'est pas plus possible à Rome que le roi-pape; aussi, lorsque vous examinez complaisamment l'hypothèse d'une souveraineté religieuse exercée par la souveraineté militaire et que vous transformez le soldat en pontife, j'incline à croire que vous nous donnez la récréation d'un jeu d'esprit. Victor-Emmanuel « en petite tenue, jetant son épée sur une table du Capitole, et frisant sa moustache en disant : C'est moi qui commande ici, » est un tableau peint de main de maître, j'en conviens, puisque vous l'avez signé ; mais c'est une joyeuse toile flamande égarée dans une grave galerie italienne. Envoyez-la, cette toile, à quelque kermesse d'Anvers ou de Louvain ; elle aura du succès au milieu des groupes de ces buveurs bons vivants, dont Téniers nous a conservé les ancêtres.

En vérité, je vais vous étonner, mon cher Pelletan. et vous allez me trouver bien petit-maître. Quoi ! j'appartiens à cette *presse cabaretière de Paris qui met, dites-vous, la France de côté*, et j'ose me plaindre tout haut de la scène un peu vulgaire que vous placez dans le palais des papes à Rome ? Ah, fi donc ! quelle préciosité ridicule, n'est-ce pas ? de la part d'un rédacteur du *Siècle*, habitué aux fumées de la pipe, au bruit de l'estaminet et aux pèlerinages autour des comptoirs d'étain.

J'ai lu cela quelquefois sous la plume véreuse de certaines gens dont c'est le métier d'amuser des drôlesses et d'insulter en masse aux convictions honnêtes de la classe ouvrière. Mais vous, mon cher Pelletan, ce n'est point votre affaire de railler *la presse cabaretière*, vous, un apôtre de la démocratie, qui nous avez appris à honorer et à respecter les enfants du travail. Estimons ensemble tous les vrais mérites d'où qu'ils viennent, qu'ils portent la blouse ou l'habit, qu'ils soient nobles ou roturiers, pauvres ou riches, qu'ils soient nos amis ou nos adversaires, et laissons grouiller dans les bas-fonds sociaux de la littérature ces êtres tarés qui parlent sans cesse d'honneur et de loyauté, comme s'ils connaissaient quelque chose à ces questions-là.

Vous, mon cher Pelletan, que j'aime et que j'estime, n'empruntez pas un mot au dictionnaire de ces beaux messieurs, ils parlent l'*argot* et vous parlez français. Pardonnez-moi cette sortie fort étrangère, je l'avoue, à votre sympathique personne, mais amenée par l'épithète que je regrette de lire dans la lettre que vous me faites l'honneur de m'adresser.

Il est un reproche injuste, cruel même, mon ami, qui se retrouve fréquemment sous votre plume, dès que vous parlez de politique étrangère. Chaque fois que nous défendons la liberté en Italie, vous donnez à entendre que nous l'attaquons en France. Expliquez-moi, de grâce, le mot de cette énigme, dites-moi quel est le sens de ce singulier dilemme dans lequel vous prétendez nous envelopper. J'ai beau le chercher, je ne puis le comprendre. Et d'abord, mon cher Pelletan, quelle étrange morale vous plaît-il tout-à-coup d'enseigner ? Quoi ! vous raillez un peuple qui a besoin du courage étranger ? C'est donc une mauvaise action que de recourir aux forts quand on est faible, d'appeler à son secours une nation libre, quand on est opprimé ? Mais si j'étais attaqué inopinément dans la rue par plusieurs coquins, je ne me ferais pas scrupule, tout en me défendant, d'emprunter le courage étranger du premier honnête homme venu. L'Italie n'a point fait autre chose, mon cher Pelletan, quand elle a demandé l'appui de sa généreuse sœur, la France, contre l'envahissement des bataillons autrichiens, et à l'heure où je vous adresse ces lignes l'Italie sollicite encore au nom du droit le plus sacré, pour les Romains, l'exercice de la souveraineté populaire chez eux. — Par quel renversement bizarre de situation est-ce vous qui devenez un soldat du pape ? On ne veut le livrer à aucune puissance civile; on veut au contraire le délivrer des agitations incessantes de la politique. C'est la plus grande question de notre temps; tous les efforts des ultramontains n'empêcheront pas qu'elle se résolve conformément aux principes du droit nouveau. La loi religieuse en contradiction avec la loi civile : voilà une de ces anomalies dangereuses qu'il est urgent de faire disparaître, sous peine de provoquer des malheurs irréparables, non-seulement par les luttes de la force, mais encore par le trouble apporté dans les consciences. Le saint-siége a beau se cramponner au territoire restreint de l'*Agro Romano*, ce lambeau de sol lui sera arraché des mains par son véritable possesseur, le peuple !

XII

Lorsque vous condamnez Rome à la servitude éternelle par l'unique raison que le successeur de celui qui affranchissait les hommes habite la ville éternelle, vous oubliez que la place du saint-père n'est ni à Rome, ni à Paris, ni à Madrid, ni à Vienne; elle est au pied du tombeau de Jésus-Christ à Jérusalem. Un grand écrivain catholique l'a écrit, et plus d'un prêtre le pense au fond de son âme sans oser le répéter. Que Pie IX reste au Vatican ou qu'il s'en aille, c'est là un détail ; Pie IX n'en restera pas moins le chef spirituel de toute la chrétienté. La souveraineté religieuse du pape ne réside point, que nous sachions, dans le fait de la possession d'un territoire ; autrement, dès que le pape cesserait de régner, il cesserait d'être le père commun des fidèles. Il y a, dans ce double rôle que M. de Montalembert et ses amis veulent faire jouer à la tiare, une contradiction que la scolastique la plus subtile ne parviendra point à détruire. L'indépendance de l'Église est incompatible avec l'administration politique d'un pays, et l'existence même de la religion catholique sera menacée le jour où la religion aura prouvé au monde sa haine pour la liberté. La soutenir à Rome, cette liberté, mon cher Pelletan, ce n'est pas l'abandonner à Paris. Vous-même, qui déclarez que le droit des nations est un, c'est-à-dire le même pour toutes, comment instruisez-vous notre procès sur ce seul grief : Les accusés aiment l'Italie ; ils réclament en son nom la liberté qu'ils ne possèdent pas chez eux ? Depuis quand et en vertu de quel principe moral ne doit-on jamais demander pour les autres ce qu'on n'a pu obtenir pour soi ? Étrange blâme, en vérité, que celui qui se fonde sur l'ardeur qu'on met à défendre une noble cause.

Au résumé, mon cher Pelletan, avouez que si votre accusation renferme quelques vérités dont nous, écrivains de la presse libérale, nous devons faire humblement notre profit, vous choisissez bien mal votre moment pour nous accabler. Je puis le dire, sans être suspect de partialité, puisque nos adversaires eux-mêmes le reconnaissent : le journal *le Siècle*, auquel j'appartiens, est frappé d'un avertissement et arrêté dans sa polémique sur la plus grave question de politique intérieure qui ait été soulevée dans la presse parisienne depuis le coup d'État du 2 décembre. Vous voyez bien que notre passion italienne n'est pas poussée jusqu'à l'oubli de notre patrie ! C'est se bien souvenir d'elle au contraire que de solliciter sa protection pour les nations opprimées. Combien de fois les noms sympathiques de la Pologne, de l'Italie, de la Hongrie n'ont-ils pas éveillé dans le cœur de la France ces sublimes sentiments de dévouement chevaleresque que le monde financier chez nous blâme parfois avec raison au nom des chiffres, mais que lui-même finit par partager avec le pays tout entier, heureux de maintenir à ce prix les glorieuses traditions qui nous ont placés si haut dans l'estime du monde !

Ni mes amis politiques ni moi nous n'avons jamais cru qu'il était nécessaire, afin de rehausser la Pologne, l'Italie, la Hongrie ou l'Irlande, « de diminuer la France, de la décapiter de son génie et de faire de sa dignité nationale une sorte de piédestal à la gloire du Piémont. » Le génie de la France, Dieu merci, plane trop haut au-dessus de nous tous, mon cher Pelletan, pour que les uns ou les autres nous puissions l'atteindre à volonté. Nos discussions loyales, que sont-elles comparativement à la grande voix de la nation ? Des jeux d'enfants dont le murmure ne s'entend pas au-delà des murailles d'une cour de collége, peut-être !

Est-ce à dire que nous ayons tort, chacun dans la mesure disproportionnée de nos forces, vous, avec l'éclat et l'autorité de votre parole, moi, avec l'ardeur parfois irréfléchie de mon tempérament, de soutenir nos convictions? Non, certes, nous n'avons pas tort; car, en apportant tour à tour notre pierre sur le chantier où d'autres ouvriers de la pensée travaillent et édifient, nous remplissons un devoir patriotique. Pour ma part, je me sens d'autant plus disposé, mon cher Pelletan, à mettre ma bonne volonté au service d'une cause impersonnelle et juste, que je crois entrevoir au delà des eaux jaunes du Tibre, bien loin derrière les sept collines de la Rome des papes, la naissante aurore de la liberté s'élever au-dessus des villes captives de l'Italie. Cette aurore impatiemment attendue, c'est le génie de la France qui la découvre partout où il passe. Inclinons-nous donc ensemble devant lui, et ne désespérons jamais, avec un pareil protecteur, de l'avenir du monde !

FIN.

PARIS. — IMPRIMERIE DE J. CLAYE, RUE SAINT-DENOÎT, 7.

www.ingramcontent.com/pod-product-compliance
Lightning Source LLC
Chambersburg PA
CBHW061333060726
47596CB00003B/1227